....
NAME

....
START DATE

....
COMPLETION DATE

....
....
....
....
ADDRESS

TABLE OF CONTENTS

DESIGN Nº	NAME OF THE PIECE	DATE	PAGE

TABLE OF CONTENTS

DESIGN Nº	NAME OF THE PIECE	DATE	PAGE

DESIGN

| DESIGN NAME | NUMBER OF COLORS | DATE |

DESIGN

DESIGN NAME	NUMBER OF COLORS	DATE

DESIGN

| DESIGN NAME | NUMBER OF COLORS | DATE |

DESIGN

DESIGN NAME NUMBER OF COLORS DATE

DESIGN

DESIGN NAME   **NUMBER OF COLORS**   **DATE**

DESIGN

DESIGN NAME	NUMBER OF COLORS	DATE

DESIGN

DESIGN NAME	NUMBER OF COLORS	DATE

DESIGN

| DESIGN NAME | NUMBER OF COLORS | DATE |

DESIGN

DESIGN NAME	NUMBER OF COLORS	DATE

DESIGN

DESIGN NAME	NUMBER OF COLORS	DATE

DESIGN

DESIGN NAME	NUMBER OF COLORS	DATE

DESIGN

| DESIGN NAME | NUMBER OF COLORS | DATE |

DESIGN

DESIGN NAME	NUMBER OF COLORS	DATE

DESIGN

DESIGN NAME **NUMBER OF COLORS** **DATE**

DESIGN

DESIGN NAME   **NUMBER OF COLORS**   **DATE**

DESIGN

DESIGN NAME   **NUMBER OF COLORS**   **DATE**

DESIGN

| DESIGN NAME | NUMBER OF COLORS | DATE |

DESIGN

| DESIGN NAME | NUMBER OF COLORS | DATE |

DESIGN

| DESIGN NAME | NUMBER OF COLORS | DATE |

DESIGN

DESIGN NAME	NUMBER OF COLORS	DATE

DESIGN

DESIGN NAME	NUMBER OF COLORS	DATE

DESIGN

DESIGN NAME	NUMBER OF COLORS	DATE

DESIGN

DESIGN NAME	NUMBER OF COLORS	DATE

DESIGN

DESIGN NAME _____   NUMBER OF COLORS _____   DATE _____

DESIGN

DESIGN NAME	NUMBER OF COLORS	DATE

DESIGN

DESIGN NAME	NUMBER OF COLORS	DATE

DESIGN

DESIGN NAME	NUMBER OF COLORS	DATE

DESIGN

DESIGN NAME	NUMBER OF COLORS	DATE

DESIGN

DESIGN NAME	NUMBER OF COLORS	DATE

DESIGN

| DESIGN NAME | NUMBER OF COLORS | DATE |

DESIGN

| DESIGN NAME | NUMBER OF COLORS | DATE |

DESIGN

| DESIGN NAME | NUMBER OF COLORS | DATE |

DESIGN

DESIGN NAME   **NUMBER OF COLORS**   **DATE**

DESIGN

DESIGN NAME · NUMBER OF COLORS · DATE

DESIGN

DESIGN NAME	NUMBER OF COLORS	DATE

DESIGN

DESIGN NAME	NUMBER OF COLORS	DATE

DESIGN

| DESIGN NAME | NUMBER OF COLORS | DATE |

DESIGN

DESIGN NAME	NUMBER OF COLORS	DATE

DESIGN

DESIGN NAME	NUMBER OF COLORS	DATE

DESIGN

DESIGN NAME	NUMBER OF COLORS	DATE

DESIGN

DESIGN NAME	NUMBER OF COLORS	DATE

DESIGN

DESIGN NAME   **NUMBER OF COLORS**   **DATE**

DESIGN

DESIGN NAME   **NUMBER OF COLORS**   **DATE**

DESIGN

DESIGN NAME	NUMBER OF COLORS	DATE

DESIGN

DESIGN NAME   **NUMBER OF COLORS**   **DATE**

DESIGN

| DESIGN NAME | NUMBER OF COLORS | DATE |

DESIGN

DESIGN NAME	NUMBER OF COLORS	DATE

DESIGN

DESIGN NAME	NUMBER OF COLORS	DATE

DESIGN

| DESIGN NAME | NUMBER OF COLORS | DATE |

DESIGN

DESIGN NAME	NUMBER OF COLORS	DATE

DESIGN

DESIGN NAME   **NUMBER OF COLORS**   **DATE**

DESIGN

DESIGN NAME	NUMBER OF COLORS	DATE

DESIGN

DESIGN NAME   NUMBER OF COLORS   DATE

DESIGN

DESIGN NAME	NUMBER OF COLORS	DATE

DESIGN

DESIGN NAME   **NUMBER OF COLORS**   **DATE**

DESIGN

DESIGN NAME	NUMBER OF COLORS	DATE

DESIGN

DESIGN NAME	NUMBER OF COLORS	DATE

DESIGN

DESIGN NAME	NUMBER OF COLORS	DATE

DESIGN

DESIGN NAME	NUMBER OF COLORS	DATE

DESIGN

| DESIGN NAME | NUMBER OF COLORS | DATE |

DESIGN

| DESIGN NAME | NUMBER OF COLORS | DATE |

DESIGN

DESIGN NAME	NUMBER OF COLORS	DATE

DESIGN

DESIGN NAME	NUMBER OF COLORS	DATE

DESIGN

DESIGN NAME	NUMBER OF COLORS	DATE

DESIGN

| DESIGN NAME | NUMBER OF COLORS | DATE |

DESIGN

DESIGN NAME	NUMBER OF COLORS	DATE

DESIGN

| DESIGN NAME | NUMBER OF COLORS | DATE |

DESIGN

DESIGN NAME	NUMBER OF COLORS	DATE

DESIGN

| DESIGN NAME | NUMBER OF COLORS | DATE |

DESIGN

DESIGN NAME	NUMBER OF COLORS	DATE

DESIGN

| DESIGN NAME | NUMBER OF COLORS | DATE |

74

DESIGN

| DESIGN NAME | NUMBER OF COLORS | DATE |

DESIGN

| DESIGN NAME | NUMBER OF COLORS | DATE |

DESIGN

| DESIGN NAME | NUMBER OF COLORS | DATE |

DESIGN

| DESIGN NAME | NUMBER OF COLORS | DATE |

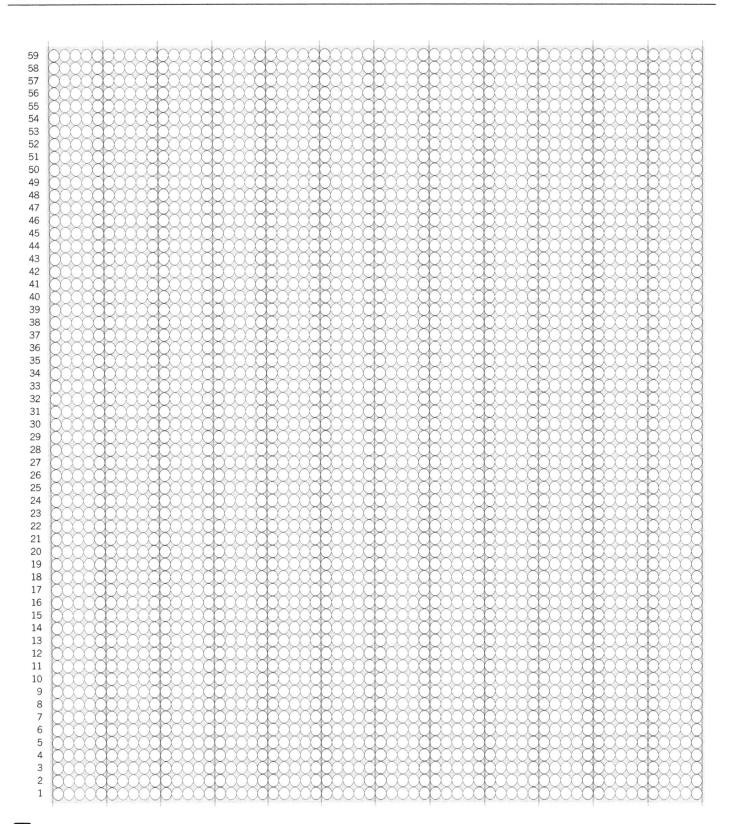

DESIGN

| DESIGN NAME | NUMBER OF COLORS | DATE |

DESIGN

DESIGN NAME	NUMBER OF COLORS	DATE

DESIGN

DESIGN NAME	NUMBER OF COLORS	DATE

DESIGN

| DESIGN NAME | NUMBER OF COLORS | DATE |

DESIGN

DESIGN NAME	NUMBER OF COLORS	DATE

DESIGN

DESIGN NAME	NUMBER OF COLORS	DATE

DESIGN

DESIGN NAME   **NUMBER OF COLORS**   **DATE**

DESIGN

| DESIGN NAME | NUMBER OF COLORS | DATE |

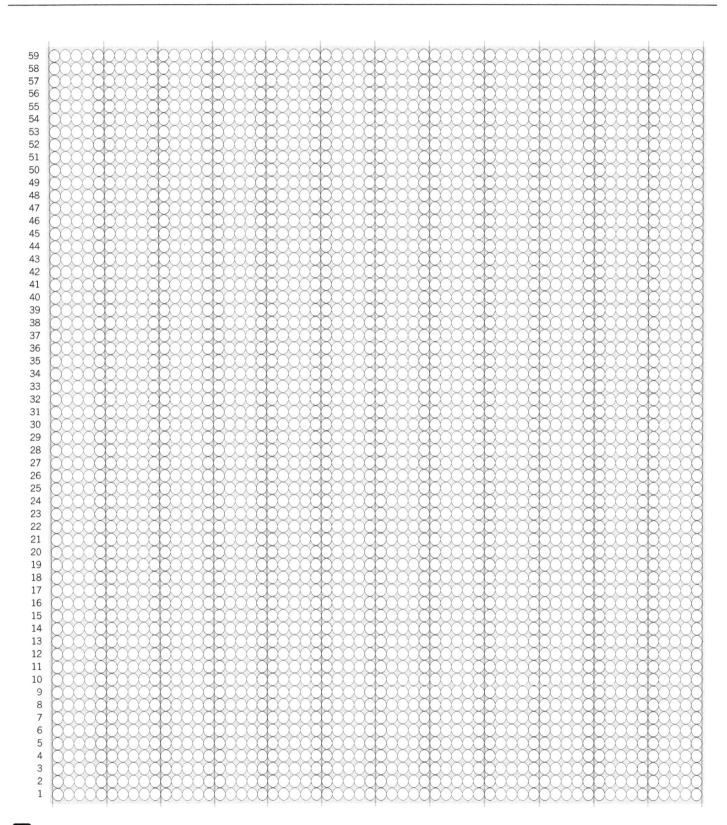

DESIGN

DESIGN NAME   **NUMBER OF COLORS**   **DATE**

DESIGN

DESIGN NAME	NUMBER OF COLORS	DATE

DESIGN

DESIGN NAME	NUMBER OF COLORS	DATE

DESIGN

DESIGN NAME   **NUMBER OF COLORS**   **DATE**

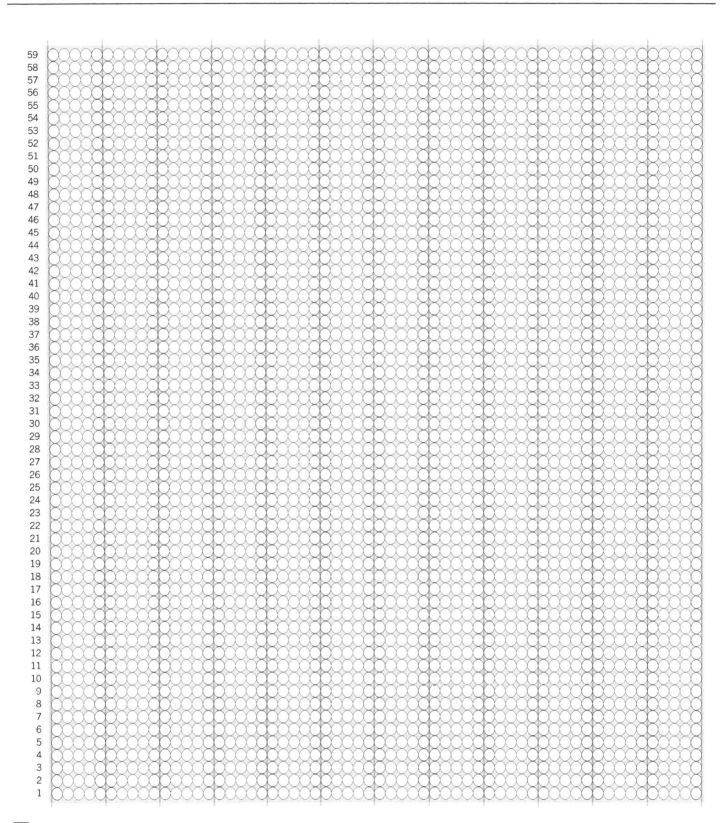

DESIGN

| DESIGN NAME | NUMBER OF COLORS | DATE |

DESIGN

DESIGN NAME	NUMBER OF COLORS	DATE

DESIGN

| DESIGN NAME | NUMBER OF COLORS | DATE |

DESIGN

| DESIGN NAME | NUMBER OF COLORS | DATE |

DESIGN

DESIGN NAME   **NUMBER OF COLORS**   **DATE**

DESIGN

DESIGN NAME	NUMBER OF COLORS	DATE

DESIGN

DESIGN NAME	NUMBER OF COLORS	DATE

DESIGN

DESIGN NAME	NUMBER OF COLORS	DATE

DESIGN

DESIGN NAME	NUMBER OF COLORS	DATE

DESIGN

| DESIGN NAME | NUMBER OF COLORS | DATE |

DESIGN

| DESIGN NAME | NUMBER OF COLORS | DATE |

DESIGN

DESIGN NAME   **NUMBER OF COLORS**   **DATE**

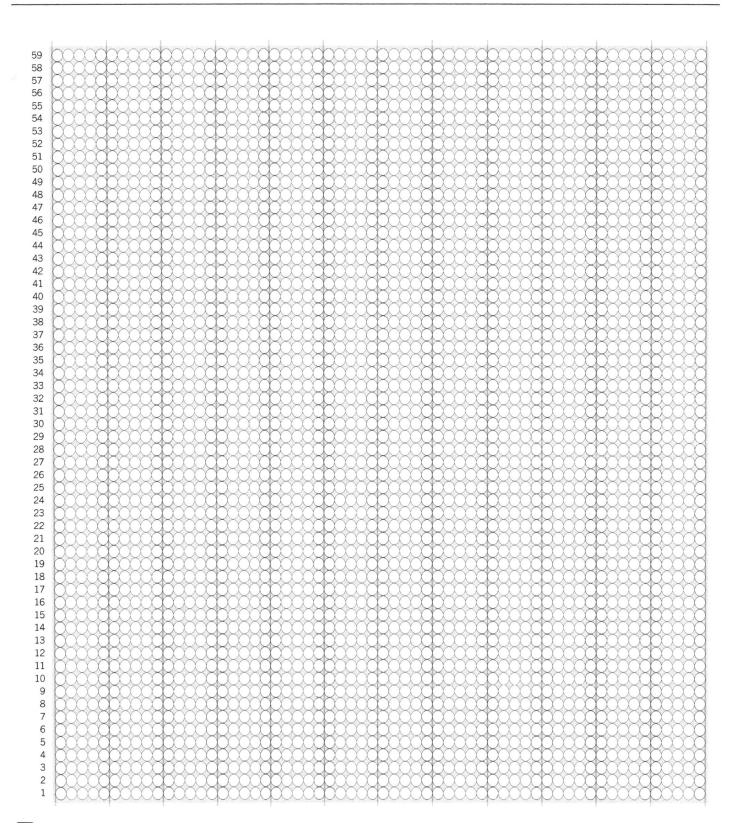

DESIGN

DESIGN NAME	NUMBER OF COLORS	DATE

DESIGN

DESIGN NAME	NUMBER OF COLORS	DATE

DESIGN

| DESIGN NAME | NUMBER OF COLORS | DATE |

SHOPPING LIST

PRODUCT NAME	VENDOR	UNITS	PRICE / UNIT	TOTAL	STATUS
					☐
					☐
					☐
					☐
					☐
					☐
					☐
					☐
					☐
					☐
					☐
					☐
					☐
					☐
					☐
					☐
					☐
					☐
					☐
					☐
					☐
					☐
					☐
					☐
					☐
					☐
					☐
					☐
					☐
					☐
					☐
					☐
					☐

SHOPPING LIST

PRODUCT NAME	VENDOR	UNITS	PRICE / UNIT	TOTAL	STATUS
					☐
					☐
					☐
					☐
					☐
					☐
					☐
					☐
					☐
					☐
					☐
					☐
					☐
					☐
					☐
					☐
					☐
					☐
					☐
					☐
					☐
					☐
					☐
					☐
					☐
					☐
					☐
					☐
					☐
					☐
					☐
					☐
					☐
					☐

SHOPPING LIST

PRODUCT NAME	VENDOR	UNITS	PRICE / UNIT	TOTAL	STATUS
					☐
					☐
					☐
					☐
					☐
					☐
					☐
					☐
					☐
					☐
					☐
					☐
					☐
					☐
					☐
					☐
					☐
					☐
					☐
					☐
					☐
					☐
					☐
					☐
					☐
					☐
					☐
					☐
					☐
					☐
					☐
					☐
					☐

SHOPPING LIST

PRODUCT NAME	VENDOR	UNITS	PRICE / UNIT	TOTAL	STATUS
					☐
					☐
					☐
					☐
					☐
					☐
					☐
					☐
					☐
					☐
					☐
					☐
					☐
					☐
					☐
					☐
					☐
					☐
					☐
					☐
					☐
					☐
					☐
					☐
					☐
					☐
					☐
					☐
					☐
					☐
					☐
					☐
					☐
					☐
					☐
					☐
					☐

Printed in the USA
CPSIA information can be obtained
at www.ICGtesting.com
CBHW062029211024
16187CB00043BA/1859